VENTE
Du Lundi 1er Février 1909
HOTEL DROUOT, SALLE N° 6
à 2 heures

EXPOSITION PUBLIQUE
Le Dimanche 31 Janvier 1909
De 2 heures à 5 h. 1/2

SCULPTURES ANCIENNES

DES ÉCOLES

Allemande, Flamande, Française, Italienne et Espagnole

OBJETS D'ART ET D'AMEUBLEMENT

TABLEAUX ANCIENS

Tapisseries de Bruxelles et d'Aubusson

Me HENRI BAUDOIN
COMMISSAIRE-PRISEUR
Successeur de M. Paul CHEVALLIER

M. ARTHUR BLOCHE
EXPERT PRÈS LA COUR D'APPEL

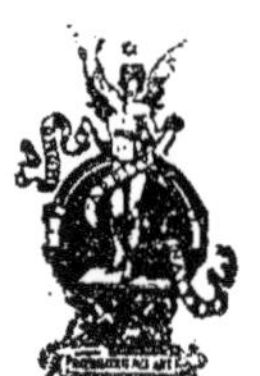

CATALOGUE

DES

SCULPTURES ANCIENNES

DES ÉCOLES ALLEMANDE, FLAMANDE, FRANÇAISE, ITALIENNE ET ESPAGNOLE

MARBRES — PIERRES — TERRES CUITES — BOIS

Grands Panneaux de mosquées en ancienne faïence de Perse

PORCELAINES, GRÈS, BRONZES

TABLEAUX ANCIENS

DES ÉCOLES FLAMANDE, FRANÇAISE, ITALIENNE ET HOLLANDAISE

MEUBLES ANCIENS ET DE STYLE

Salon en Tapisserie d'Aubusson, style Louis XVI

BELLES TAPISSERIES DE BRUXELLES ET D'AUBUSSON

A Personnages et Paysages avec animaux

DONT LA VENTE AURA LIEU

HOTEL DROUOT, SALLE N° 6

LE LUNDI 1er FÉVRIER 1909

à deux heures

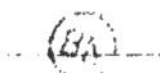

Me HENRI BAUDOIN
COMMISSAIRE-PRISEUR
Successeur de M. Paul CHEVALLIER
10, rue Grange-Batelière

M. ARTHUR BLOCHE
EXPERT PRÈS LA COUR D'APPEL
52, rue de Châteaudun
PARIS

Chez lesquels on trouve le présent catalogue

EXPOSITION PUBLIQUE

Le Dimanche 31 Janvier 1909, de 2 heures à 5 h. 1/2

CONDITIONS DE LA VENTE

La vente sera faite au comptant.

Les acquéreurs paieront *dix pour cent* en sus des enchères.

L'exposition mettant le public à même de se rendre compte de l'état et de la nature des objets, aucune réclamation ne sera admise une fois l'adjudication prononcée.

Paris. — Imprimerie de l'Art, Ch. Berger, 41, rue de la Victoire.

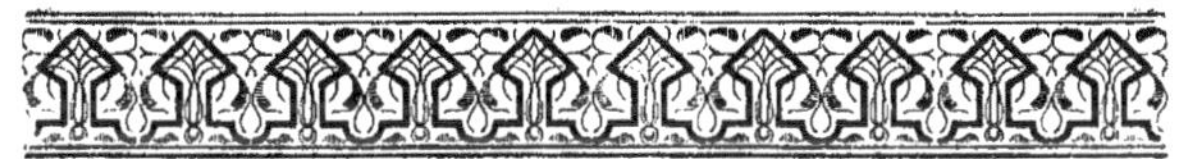

DÉSIGNATION

SCULPTURES

MARBRES — PIERRE

1 — Marbre blanc. Buste de femme de l'antiquité, à demi drapée, la chevelure presque entièrement cachée par une coiffure plate. xviie siècle.

Haut., 80 cent.

2 — Buste, grandeur plus que nature : empereur romain en armure avec manteau couvrant l'épaule.

Haut., 1 mètre.

3 — Buste colossal représentant Jupiter.

Haut., 1 mètre.

4 — Marbre blanc. Buste, grandeur nature, de sénateur romain. La tête tournée légèrement vers la gauche, le visage encadré d'une barbe courte, en armure et drapé. Époque Louis XIV.

Haut., 87 cent.

5 — Marbre blanc. Buste de femme romaine, aux cheveux ondulés et tombant en longues boucles, en peplum et drapée. Fin du xvie siècle.

Haut., 81 cent.

6 — Marbre blanc. Médaillon ovale représentant, en bas-relief et de profil, un buste de femme encapuchonnée. Cadre en bois sculpté, partie dorée. xviiie siècle.

7 — Marbre blanc. Buste d'homme barbu enveloppé d'une fourrure, les yeux levés vers le ciel ; socle en marbre portor. Fin du xviie siècle.

Haut., 61 cent.

8 — Marbre blanc. Bas-relief oval : portrait d'un pape. xviiie siècle.

9 — Marbre blanc. Buste de doge, d'après Donatello.

Haut., 45 cent.

10-11 — Deux bustes, grandeur plus que nature, représentant des empereurs romains en peplum et drapés ; les têtes en marbre blanc et les costumes en marbre polychrome.

Haut., 95 cent.

12 — Buste en marbre blanc : *Rose de Mai*, sur socle en marbre fleur de pêcher. Œuvre de Gustave Michel.

Haut., 80 cent.

13 — Statuette en marbre blanc : *Fleur de Printemps*. Œuvre de Gustave Michel.

Haut., 80 cent.

14-15 — Deux colonnes en marbre rouge griotte.

Haut., 1 m. 30 cent.

16-17 — Deux colonnes en marbre rouge veiné et cannelé.

Haut., 1 m. 30 cent.

18 — Colonne en marbre de Sienne, avec embase, socle, chapiteau et plinthe tournante en marbre vert veiné.

Haut., 1 m. 33 cent.

19 — Support en marbre sculpté, à feuillages et écusson.

Haut., 1 m. 10 cent.

20-21 — Deux colonnes en marbre vert de mer, avec plinthes tournantes.

Haut., 1 m. 10 cent.

22 — Colonne en marbre vert cannelé, monture en bronze doré. Style Louis XVI.

Haut., 1 m. 20 cent.

23 — Portique supporté par des colonnes en marbre blanc, avec colonnes en marbre fleur de pêcher, sur socles en marbre blanc.

Haut., 2 m. 50 cent. ; larg., 1 m. 40 cent.

24 — Bas-relief carré : motifs d'ornements.

25 — Pierre. Vase à gorge festonnée, décoré de feuillages et de grappes de raisins, avec anses formées de deux faunes accroupis, la panse ornée de mascarons à têtes de femmes.

26 — Pierre. Lion héraldique debout.

Haut., 55 cent.

27 — Pierre. Plaque carrée à inscription orientale en bas-relief.

28 — Pierre. Clef de voûte offrant, en bas-relief, un animal fantastique.

29 — Pierre. Deux chapiteaux corinthiens, avec vestiges de dorure. Fin du xvie siècle.

Haut., 30 cent.; larg., 30 cent.

30 — Pierre. Statuette de Vierge, le front ceint d'une couronne, amplement drapée. xvie siècle.

Haut., 67 cent.

31 — Marbre blanc. Tête d'homme barbu, sur un socle carré en marbre vert.

32 — Marbre blanc. Tête de personnage de l'antiquité, sur socle carré en marbre de Sienne.

TERRES CUITES

33 — Terre cuite. Statuette de Christ assis et enchaîné, la tête inclinée, le corps à demi drapé : allégorie de la Flagellation, décor polychromé. Sur une plaquette, on lit : *Walthérius Pompe, 1770.*

Haut., 35 cent.

34 — Terre cuite. Bas-relief représentant le martyre du Christ.

Composition de neuf figures.
Esquisse attribuée à Puget.
Encadré.

35 — Terre cuite. Groupe représentant une vieille femme et son chat. Attribué au xviiie siècle.

36 — Terre cuite. Statuette de femme drapée, debout.

Esquisse.

37 — Terre cuite. Buste : portrait présumé de Listz, dans un médaillon ovale.

Haut., 63 cent.

38 — Terre cuite. Buste d'un conventionnel, la tête légèrement tournée vers la droite. Socle en marbre. xviiie siècle.

Haut., 80 cent.

SCULPTURES SUR BOIS

39 — Calvaire, composé d'un Christ en croix et de deux grandes statues : la Vierge et saint Jean, en bois sculpté. Travail flamand, fin du xvie siècle.

Croix. Haut., 4 m. 20 cent.
Christ. Haut., 2 mètres.
La Vierge et saint Jean. Haut., 1 m. 50 cent.

40 — Grand groupe en bois sculpté, représentant la Vierge debout portant l'Enfant Jésus à la grappe de raisins. La Vierge a le front ceint d'une couronne, elle est amplement drapée. École de Bruges, xvie siècle.

41 — Groupe en bois sculpté, représentant la Vierge portant l'Enfant Jésus sur le bras.

42 — Haut relief sur bois, représentant la Nativité, composition de huit figures. Travail flamand, xvie siècle.

43 — Statuette du Saint-Père en bois sculpté et doré. xviie siècle.

44 — Statuette en bois sculpté, représentant Elisabeth de Hongrie sous une niche à baldaquin.

Haut., 75 cent.

45 — Statue d'évêque assis, coiffé de la mitre et tenant un livre saint à la main. Bois sculpté, xvie siècle.

Haut., 90 cent.

FAIENCES DE PERSE

GRÈS — PORCELAINES

46 — Grand panneau, composé de plaques de revêtement en ancienne faïence de Perse, décor en gros bleu et bleu turquoise à fleurs et feuillages entrelacés. L'encadrement ou bordure présente une suite de lambrequins contrariés à fond gros bleu et bleu turquoise imbriqué de rouge. XVIe siècle.

Cadre bois noir.

Haut., 1 m. 80 cent.; larg., 1 m. 12 cent.

47 — Panneau en ancienne faïence de Perse, composé de plaques de revêtements, décor en gros bleu et bleu turquoise à arabesques de fleurs et de feuillages. La bordure présente des suites d'autres fleurs et de palmes enroulées. XVIe siècle.

Cadre bois.

Haut., 1 m. 65 cent.; larg., 88 cent.

48 — Panneau de revêtement, composé de trois plaques en ancienne faïence de Perse, décor bleu-turquoise offrant, en bas-relief, un portique de mosquée orné d'inscriptions et de motifs symboliques.

Cadre chêne.

Haut., 1 m. 60 cent.; larg., 77 cent.

49 — Panneau, composé de trois rayons de plaques de revêtement en ancienne faïence de Perse, décor à fleurs et palmes entrelacées, en gros bleu et bleu-turquoise, imbriqué de jaune d'ocre. XVIe siècle.

Cadre bois.

Haut., 1 m. 60 cent.; larg., 90 cent.

50 — Grand lion en faïence blanche italienne.

51 — Pichet en ancien grès d'Allemagne, fond brun, offrant, en bas-relief, un masque d'homme barbu, des médaillons à bustes de guerriers entrecoupés de feuillages et une frise à arabesques ; couvercle en étain.

52 — Pichet en grès ancien, fond bleu, décor gris et violacé en relief à gerbes de rosaces et d'ornements ; couvercle en étain.

53 — Pichet en ancien grès, fond bleu, décor à fleurs, fond gris, avec masque au bec; couvercle en étain.

54 — Cruchon en ancien grès brun, décor: masque fabuleux et rosace.

55 — Chope en ancien grès bleu et gris, décor à semis de rosaces.

56 — Boite à thé en ancien grès de Nuremberg, fond brun, décor polychrome à têtes de personnages, rosaces et ornements; couvercle en étain.

57 — Petite chope en ancien grès violet, bleu et gris, décor granité.

58 — Petit pichet en ancien grès, fond gris, décor à rosaces sur fond bleu ; couvercle en étain.

59 — Gourde en ancienne porcelaine de Chine bleu-turquoise, craquelé fin.

60 — Petite bouteille de Chine, décor rouge flambé.

61 — Deux bols en ancienne faïence de Perse bleu-turquoise à reliefs.

62 — Bol en ancienne faïence de Perse, décor en bleu sur blanc.

63 — Deux chimères en porcelaine de Chine, décor bleu-turquoise.

64 — Groupe de deux amours en porcelaine d'Allemagne, avec guirlandes de fleurs.

65 — Deux bustes d'enfants en porcelaine d'Allemagne.

66 — Cinq coupes, grandes et ovales, en faïence blanche.

67 — Deux brûle-parfum en faïence blanche, pieds forme dauphins.

68 — Cafetière et crémier en ancienne porcelaine de Nymphenburg.

69 — Deux pots à pommade en porcelaine de Saxe, décor à fleurs.

70 — Deux vases en porcelaine blanche de Berlin.

71 — Groupe de dindons en porcelaine blanche.

72 — Deux vases en porcelaine d'Allemagne, décorés de scènes de batailles.

73 — Statuette de femmes à crinolines en porcelaine blanche.

74 — Trois statuettes de mendiants en porcelaine blanche.

75 — Figurine de singe en porcelaine blanche de Nymphenburg.

BRONZES — CUIVRES

OBJETS DIVERS

76 — Aquamanile en cuivre patine noire et frottée. XIVe siècle.

Haut., 33 cent.; long., 35 cent.

77 — Deux petites figurines : enfants dansant, en bronze doré. Fin du XVIe siècle. Sur socle carré en marbre jaune de Sienne.

78 — Grande vasque octogonale en bronze vert, avec figures allégoriques de femmes se détachant en ronde bosse symbolisant la Tempérance, la Prudence, la Fortune et la Justice. Elle est supportée par un groupe de trois femmes au front ceint de diadèmes.

Haut., 1 m. 41 cent.; diam. de l'orifice, 60 cent.

79 — Buste, grandeur plus que nature : portrait d'un président d'une république du Sud de l'Amérique. Fonte creuse. Signé : CHARPENTIER.

Haut., 85 cent.

80 — Tête de lion en bronze, formant fontaine.

81 — Deux grands bas-reliefs en bronze, patine verte, représentant les Sources, d'après JEAN GOUJON.

Haut., 2 m. 20 cent.; larg., 58 cent.

82 — Deux brosses Louis XIII.

83 — Lanterne en fer forgé, vitraux en verre de couleur, forme à pans.

84 — Bas-relief en plomb doré, représentant Hercule et l'hydre de Lerne.

85 — Grande pendule en bronze ciselé et doré, modèle inspiré de Caffiéri, à rocailles fleuries, avec figures de nymphe et d'enfant. Cadran signé : *Dutertre, à Paris.* Style Louis XV.

86 — Paire de petits candélabres à figurines d'enfants en bronze, patine foncée, tenant chacun deux branches de lumière ; socles en marbre blanc, avec perlés de bronze doré. Style Louis XVI,

87 — Buste de Bonaparte en bronze ; socle en marbre.

MEUBLES

88 — Meuble de salon, composé d'un canapé et quatre fauteuils en bois sculpté et doré, à fleurs et feuillages, couverts de tapisseries d'Aubusson, offrant aux dossiers des scènes à jeux d'enfants, d'après Huet, entourées de rinceaux et de fleurs, fond blanc, contre-fond bleu damassé. Style Louis XVI.

89 — Cinq fauteuils en bois sculpté, dossiers à balustres. Époque Louis XIII.

90 — Armoire à deux portes sculptées à pointes de diamants. Époque Louis XIII.

91 — Table rectangulaire en bois sculpté et doré, très ornementée, bandeau avec mascarons à têtes de femmes, croisillons reliant les quatre pieds, avec brûle-parfum au milieu ; dessus en marbre blanc veiné gris. Louis XIV.

92 — Meuble à hauteur d'appui et à quatre tiroirs en bois sculpté, montants à cariatides ornées de personnages et de motifs variés. Style flamand Louis XIII.

93 — Meuble en bois sculpté, ouvrant à quatre portes et un tiroir, avec inscriptions au fronton. XVIIe siècle.

94 — Armoire, ouvrant à une porte, en bois sculpté. XVIIe siècle.

95 — Table scriban en bois sculpté, piétement à ornements. Louis XIII.

96 — Chaise à porteurs, caisson en cuir clouté, monture en bois sculpté et doré. Époque Louis XIV.

97 — Jardinière en bois de citronnier.

98 — Table à jeu en marqueterie de bois, dessin à fleurs. Travail hollandais.

99 — Commode, ouvrant à trois tiroirs. Époque Louis XIV.

100 — Petite vitrine de poupée en bois de citronnier.

101 — Lutrin en bois sculpté et doré, à rocailles. Style Louis XV.

102 — Six chaises à hauts dossiers en marqueterie de bois. Travail hollandais.

TABLEAUX

BRAKENBURGH

103 — *Fête flamande.*

Dans une vaste salle, sur un banc au milieu, un vieux joueur de vielle amuse des enfants groupés autour de lui ; hommes et femmes causent, dansent et rient. A gauche, une femme tient la tête de son homme malade. Sur un tonneau, devant un fumeur assis, un pichet de grès, une terrine et une draperie bleue.

CANALETTO (Attribué à)

104 — *Le Grand Canal.*

Sillonné de gondoles et d'autres embarcations avec personnages. Une église et des constructions élevées sur le quai sont animées de nombreuses figures.

FLORIS (Attribué à FRANTZ)

105 — *Diane et ses nymphes.*

Importante composition de nombreuses figures dans un paysage animé d'ibis.

GUARDI (Attribué à)

106 — *Les Bords du grand canal à Venise.*

Plusieurs embarcations chargées de personnages voguent au milieu ; des gondoles, des barques près du quai, en perspective, qui est animé de nombreuses figures.

HOLBEIN (Jean le Vieux)

107 — *La Flagellation.*

Intéressante composition de huit personnages. Bonne facture.

LARGILLIÈRE (École de)

108 — *Portrait de Femme.*

Corsage décolleté en soie bleue retenu par un ferret de pierres précieuses, avec manteau de velours rouge doublé de brocart d'or.

LEDOUX (Mlle)

109 — *L'Innocence.*

Portrait de jeune fille en robe blanche, fixant ses regards sur une marguerite qu'elle effeuille et portant des fleurs dans son chapeau.

LEMOINE

110 — *Daphné transformée en laurier.*

Agréable composition de six personnages gracieusement groupés dans un paysage à horizon clair, tonalité blonde et pleine de transparence.

MAAS (Attribué à Nicolas)

111 — *Portrait d'Homme.*

A longue perruque frisée, regardant presque de face. Représenté dans un médaillon ovale.

PATER (Attribué à)

112 — *Réunion galante dans un parc.*

A gauche, à l'ombre de grands arbres, quatre personnages devisent galamment. Devant eux, un joueur de guitare gracieusement campé. A droite, deux enfants et un chien prennent leurs ébats.

POURBUS (École de)

113 — *Portrait de Gentilhomme.*

En pourpoint noir, collerette blanche, paré d'un collier d'ordre.

THOMIRE

114 — *Réunion d'une famille noble de Gascogne.*

Dans un salon, autour d'une table sur laquelle est posé un buste de prélat, une jeune femme en robe de mousseline blanche et coiffée à la poudre est assise dans un fauteuil. Près d'elle, un petit garçon debout tenant des fleurs à la main et son père, en costume rouge brodé, à perruque poudrée, s'appuie sur un fauteuil.

Cadre en bois sculpté et doré.

VIVIEN

115 — *Portrait de Gentilhomme à perruque.*

Pastel ovale.

ÉCOLE HOLLANDAISE

116 — *Portrait de Jeune Gentilhomme.*

En costume de velours noir, avec collerette blanche tuyautée, les mains gantées de gris croisées l'une sur l'autre.

Signé : *V. H. 1653.*

ÉCOLE ANCIENNE

117 — *Deux amours entourés de têtes d'anges.*

Cadre bois doré.

ÉCOLE FRANÇAISE

118 — *Europe.*

Gouache.

119 — Deux panneaux ornés de peintures.

TAPISSERIES

120 — Belle tapisserie de Bruxelles, représentant au milieu d'un paysage boisé et montagneux une jeune femme en robe rose avec manteau bleu, surprise par l'apparition de l'Amour. Près d'eux, une femme sommeille. Bordure à enguirlandement de fleurs et de fruits noués par des rubans. XVIIIe siècle.

Long., 4 m. 10 cent.; haut., 2 m. 90 cent.

121 — Tapisserie d'Aubusson, représentant au milieu des Romains et des Sabines, les femmes et les enfants les arrêtant dans leur ardeur de combattre. Importante composition d'une multitude de personnages, de cavaliers, de soldats, d'armes et d'armures jonchant le sol. Bordure à guirlandes de fleurs enrubannées. Époque Louis XIV.

Long., 4 m. 30 cent.; haut., 2 m. 90 cent.

122 — Tapisserie des Flandres, représentant un superbe paysage accidenté, à horizon très clair, avec cours d'eau et animal courant. Bordure à guirlandes de fleurs. Époque Louis XIV.

Long., 5 m. 30 cent.; haut., 3 m. 5 cent.

123 — Tapisserie fine d'Aubusson, représentant un paysage des plus souriants arrosé par un cours d'eau coulant en cascade sous un pont. En pers-

pective, à travers les arbres, des châteaux et des ponts. Bordure à guirlandes de fleurs. Nœuds de rubans entrelacés, coupes et ornements. XVIIIe siècle.

Long., 4 mètres ; haut., 2 m. 65 cent.

124 — Tapisserie d'Aubusson, représentant une réunion de rois et de reines sous une tente, devant une table chargée de mets. A droite, un paysage boisé. Composition de six personnages en armures et riches costumes. Bordures à fleurs enrubannées avec ornements aux angles, d'après *Lebrun*. Époque Louis XIV.

Long., 3 m. 60 cent.; haut., 2 m. 80 cent.

125 — Objets omis.

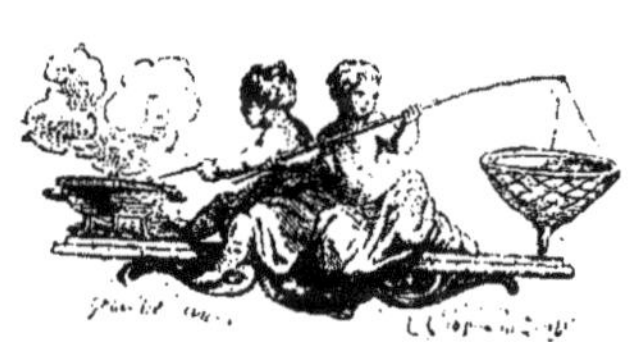

www.ingramcontent.com/pod-product-compliance
Ingram Content Group UK Ltd.
Pitfield, Milton Keynes, MK11 3LW UK
UKHW020539180726
13839UKWH00006B/2611